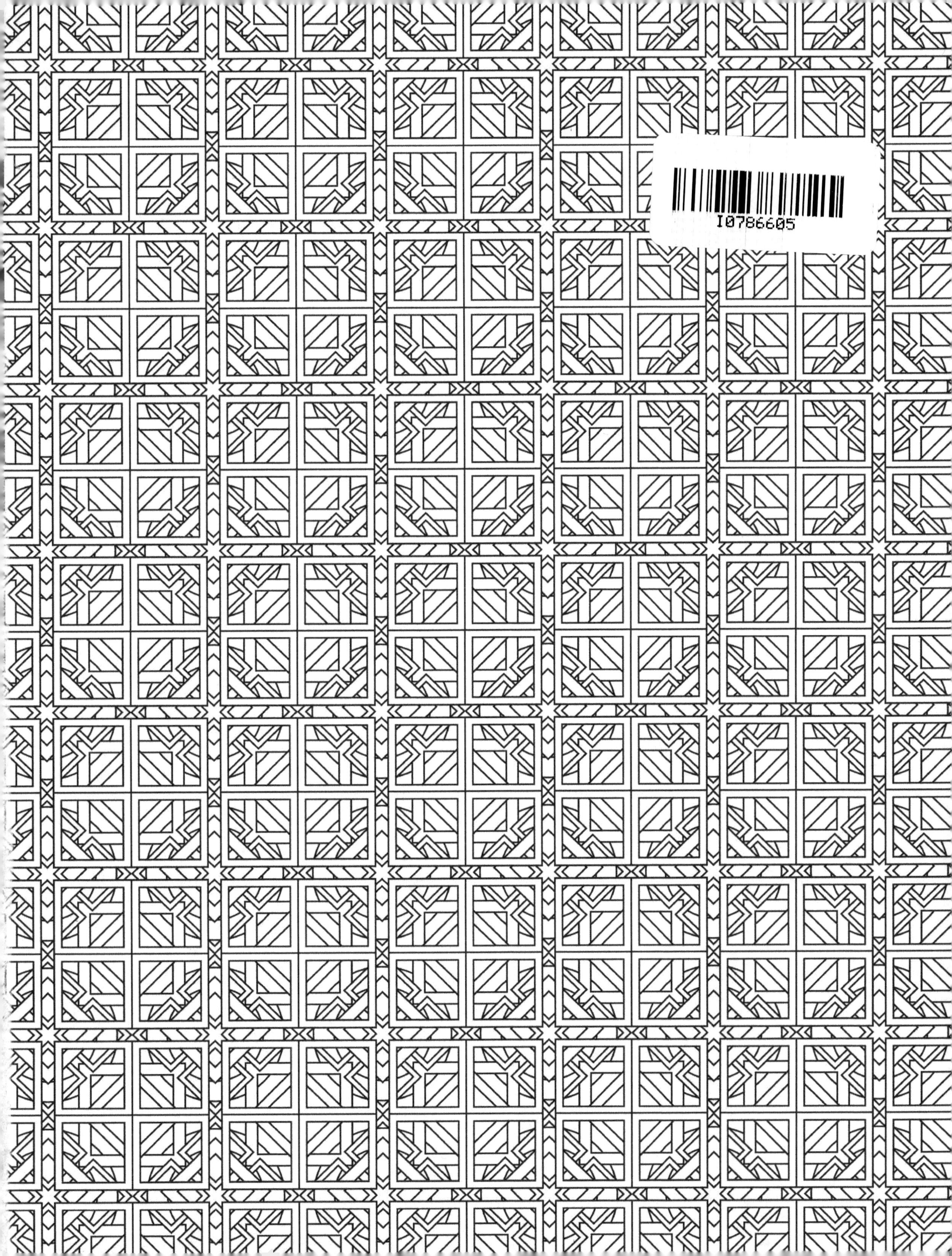

I0786605

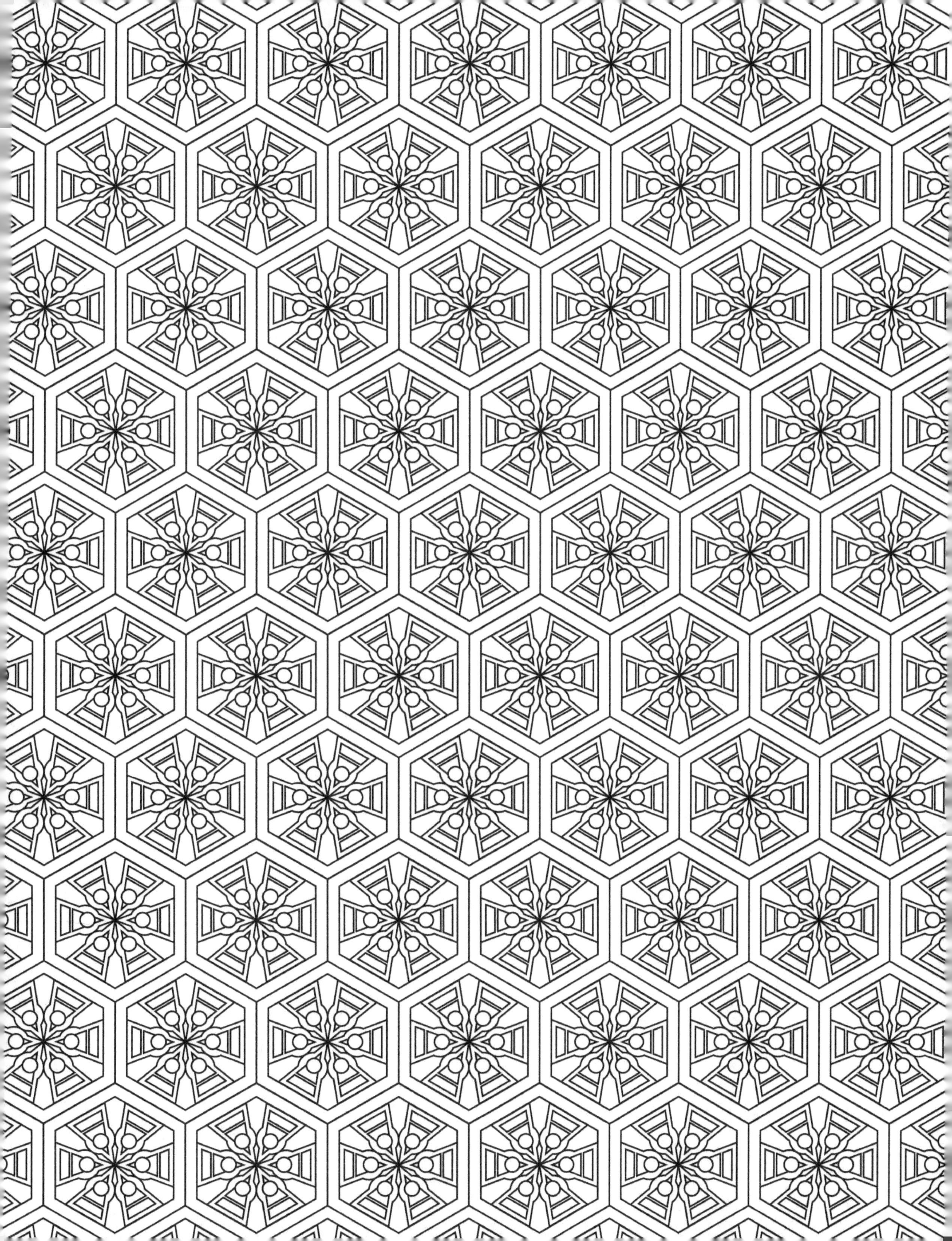

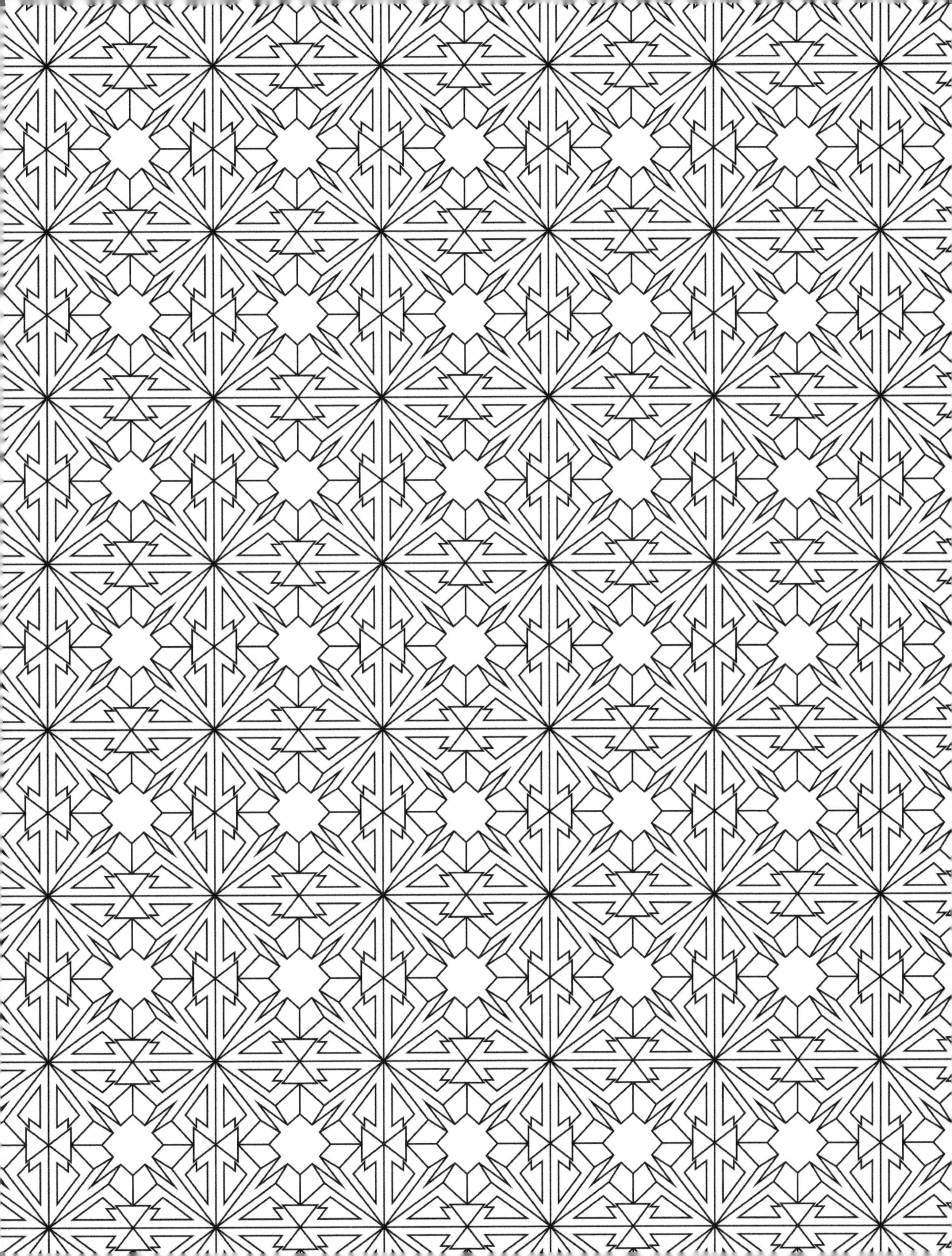

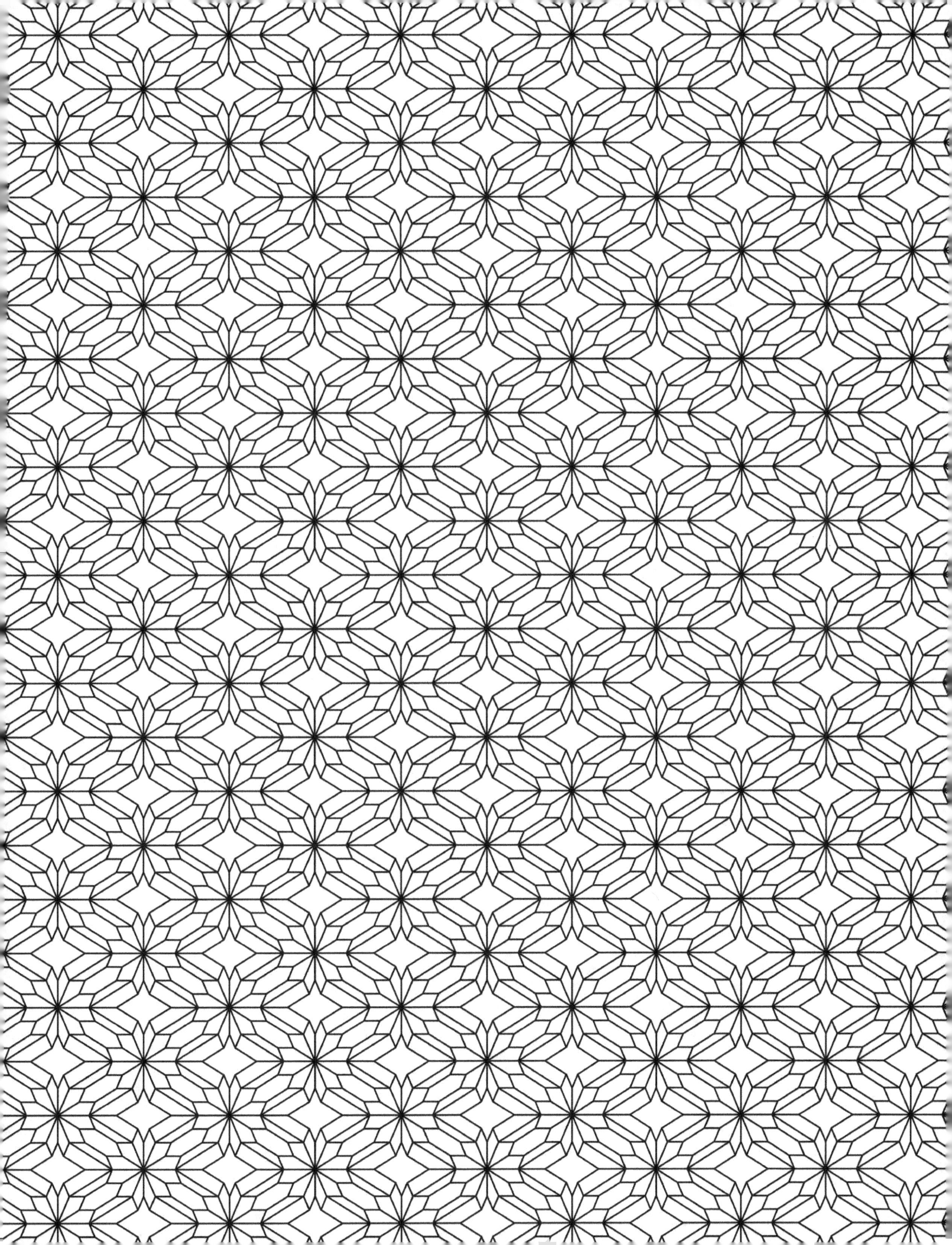

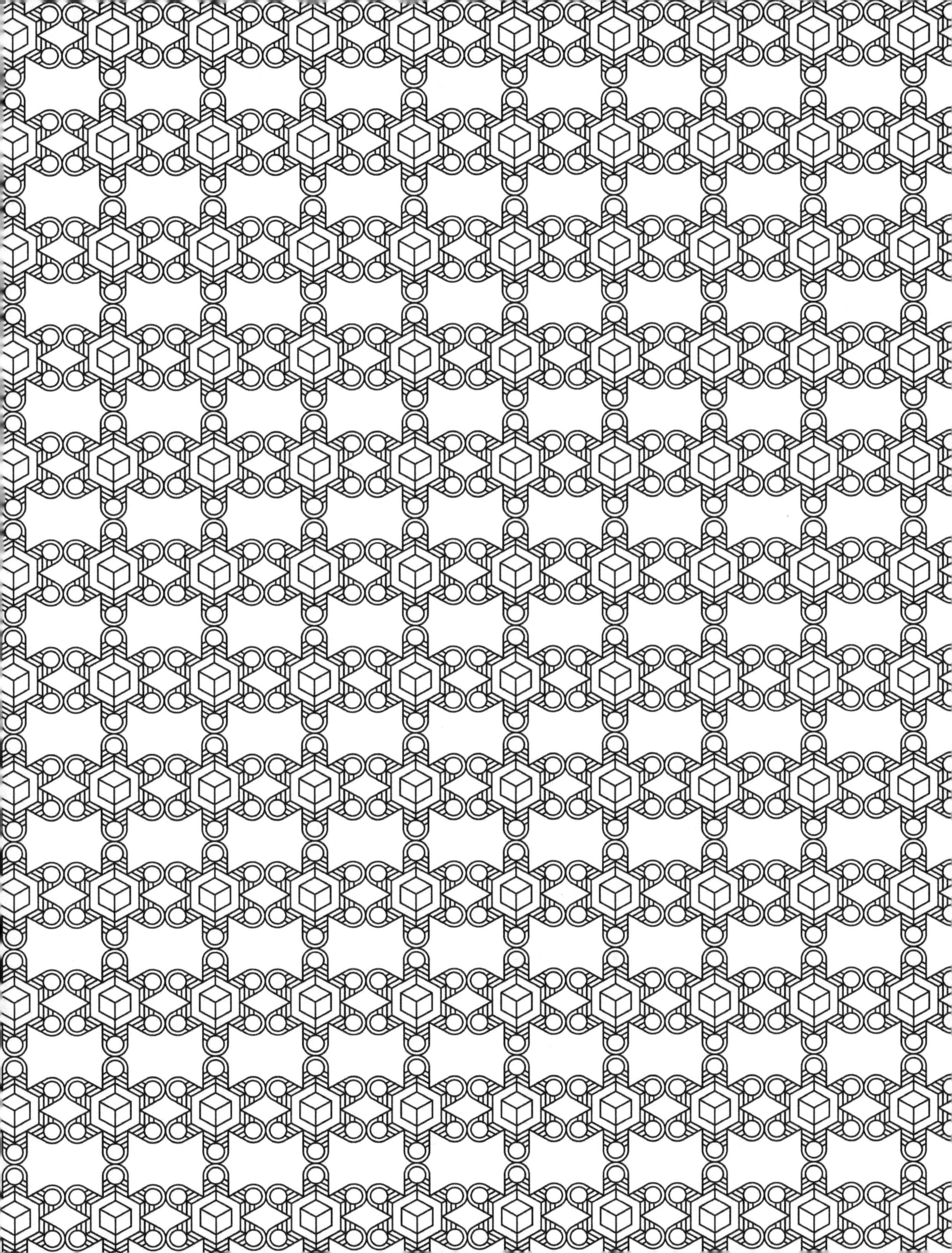

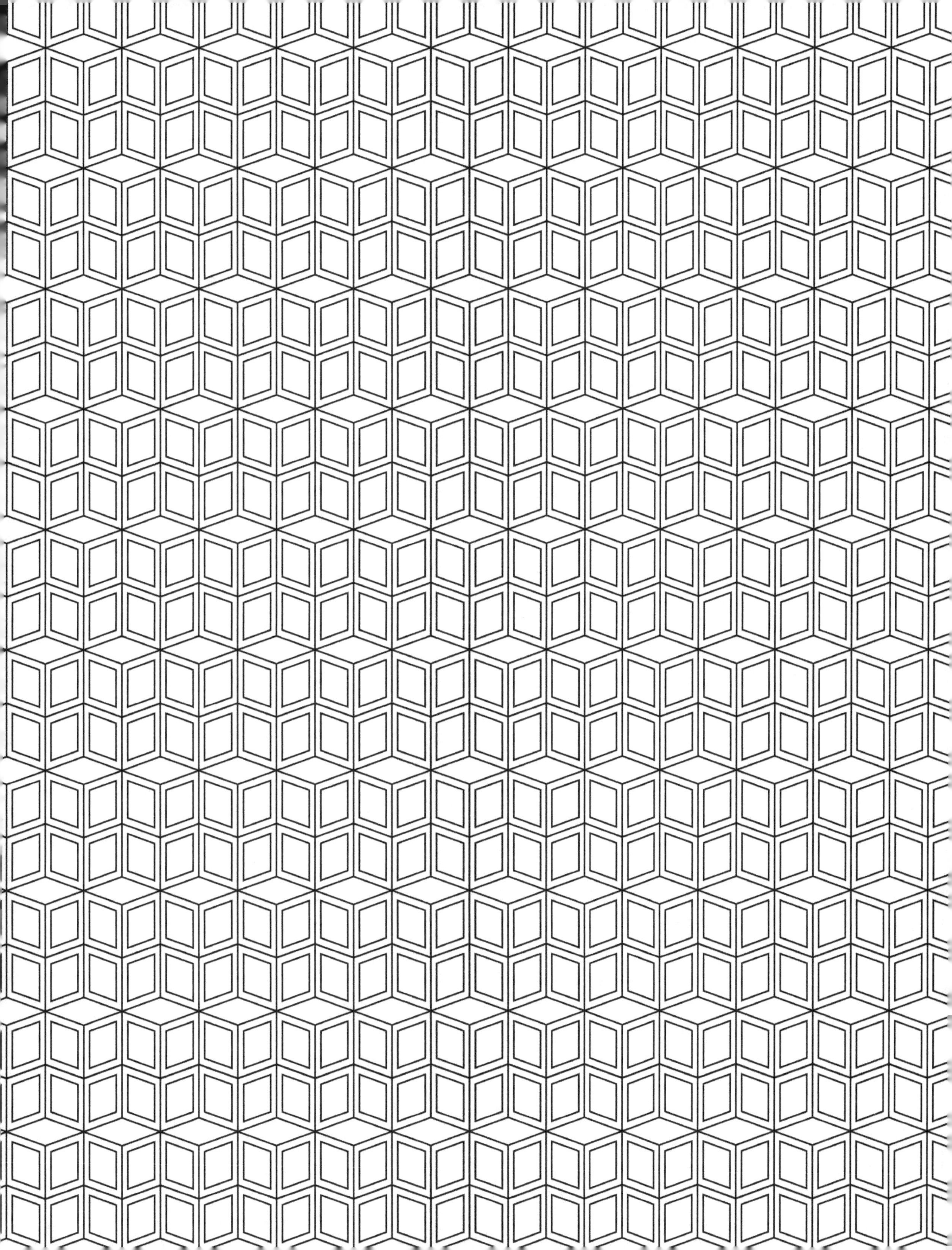

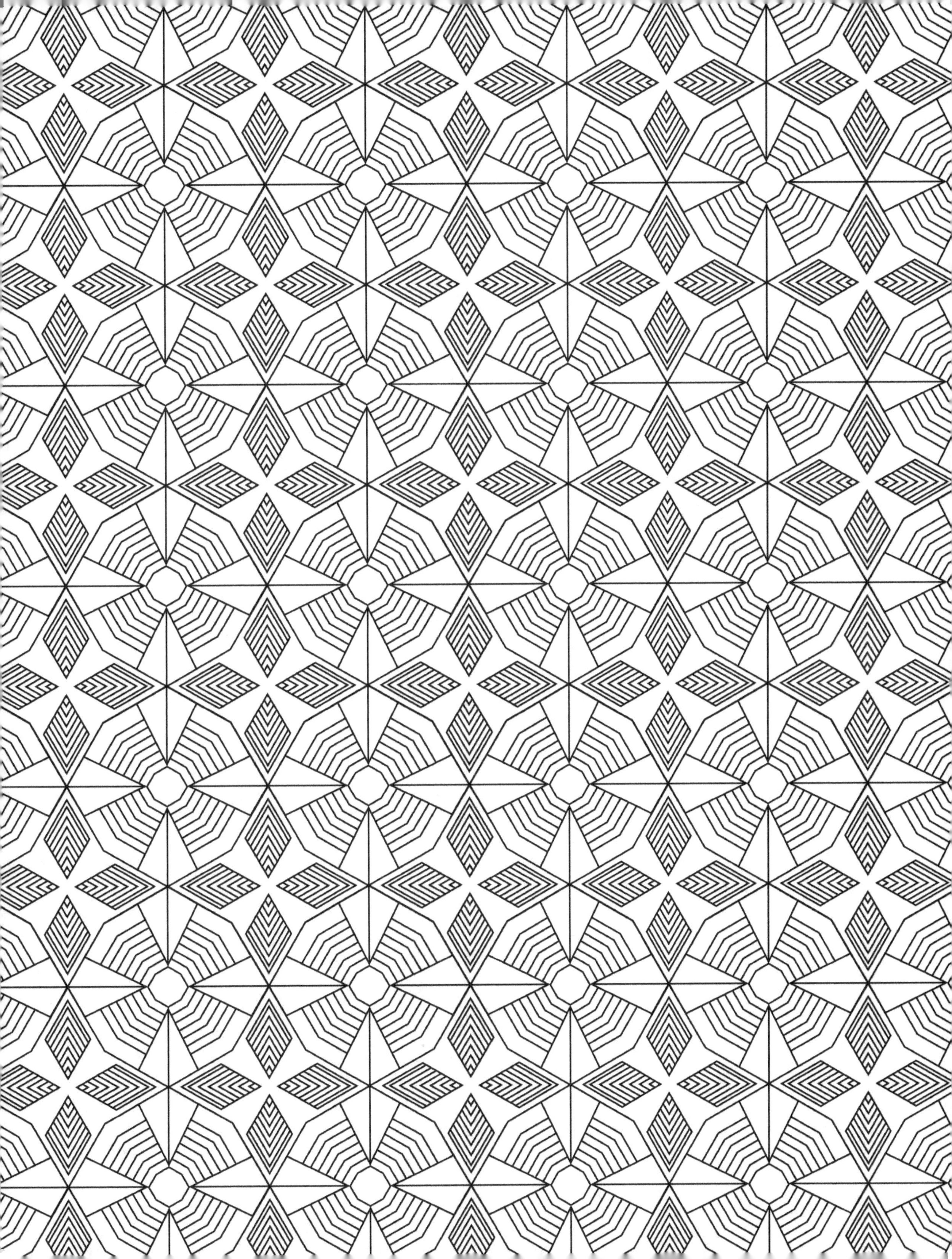

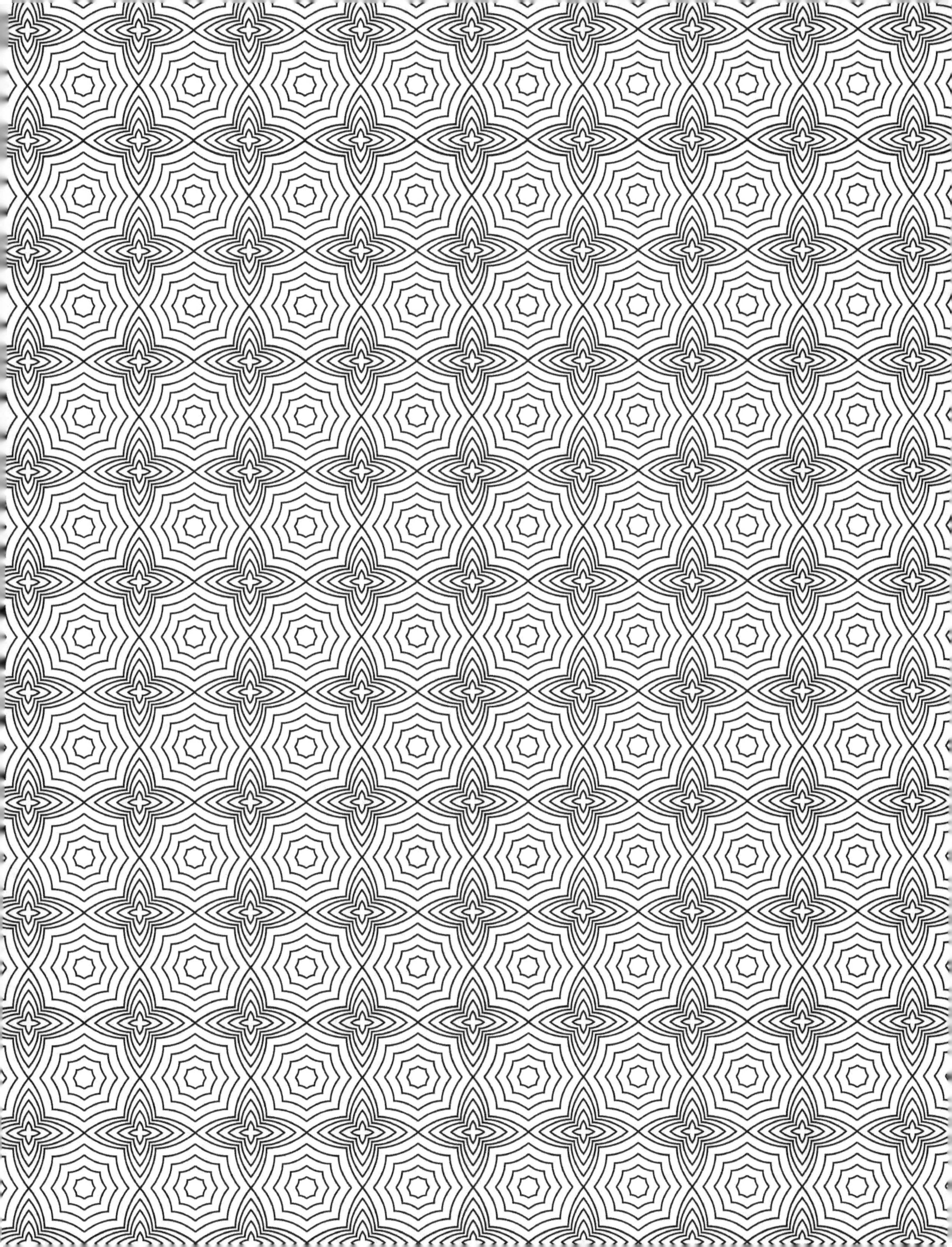

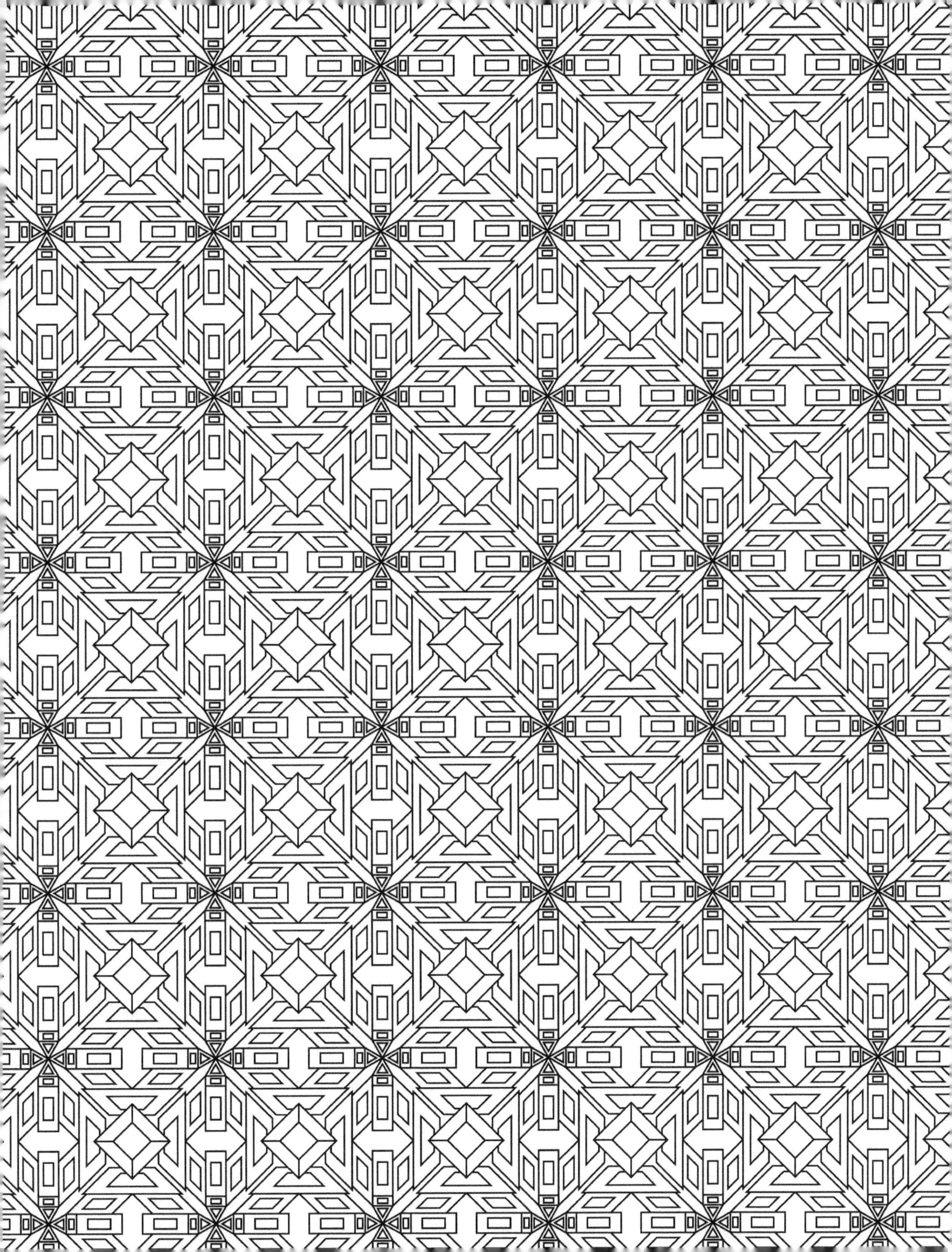

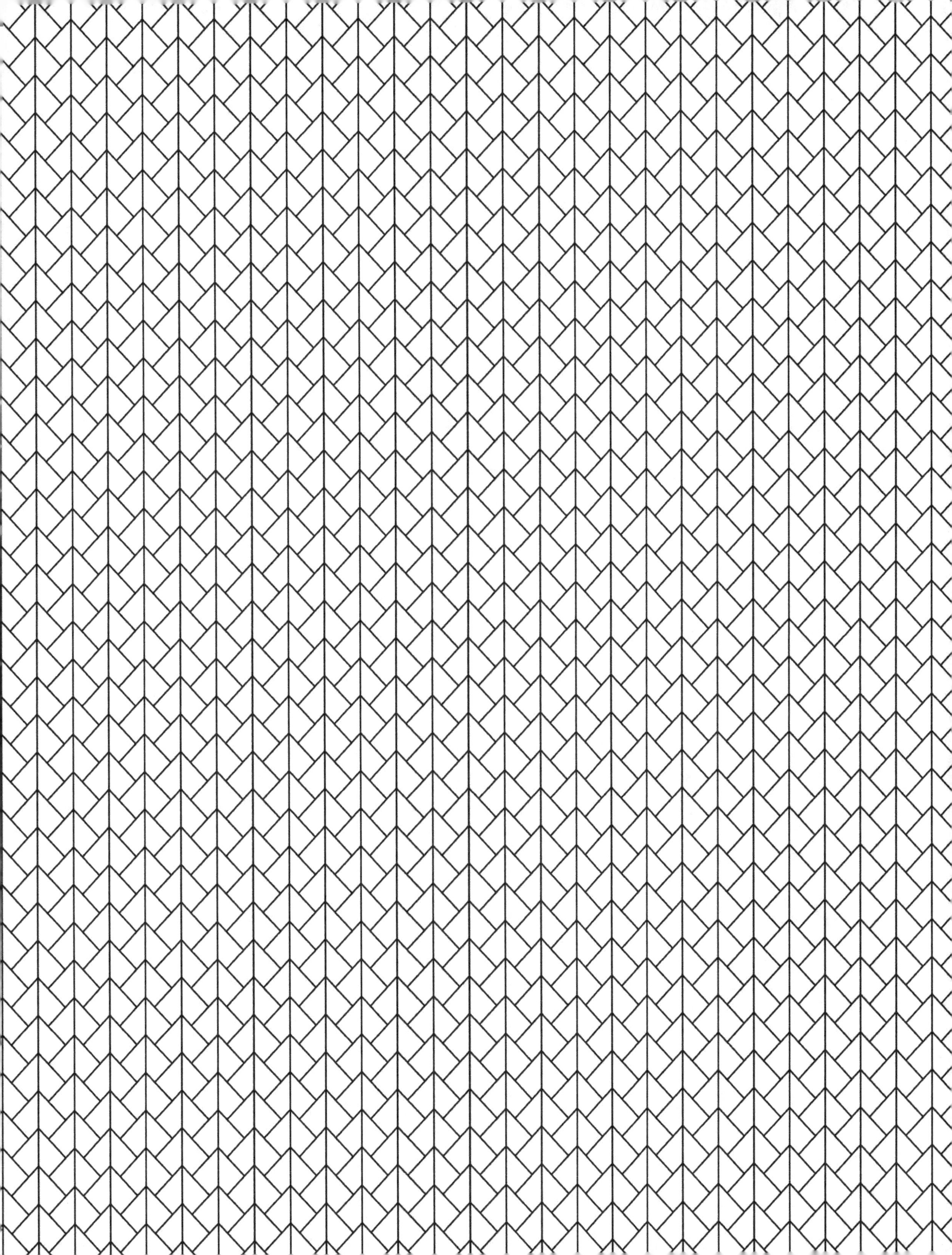

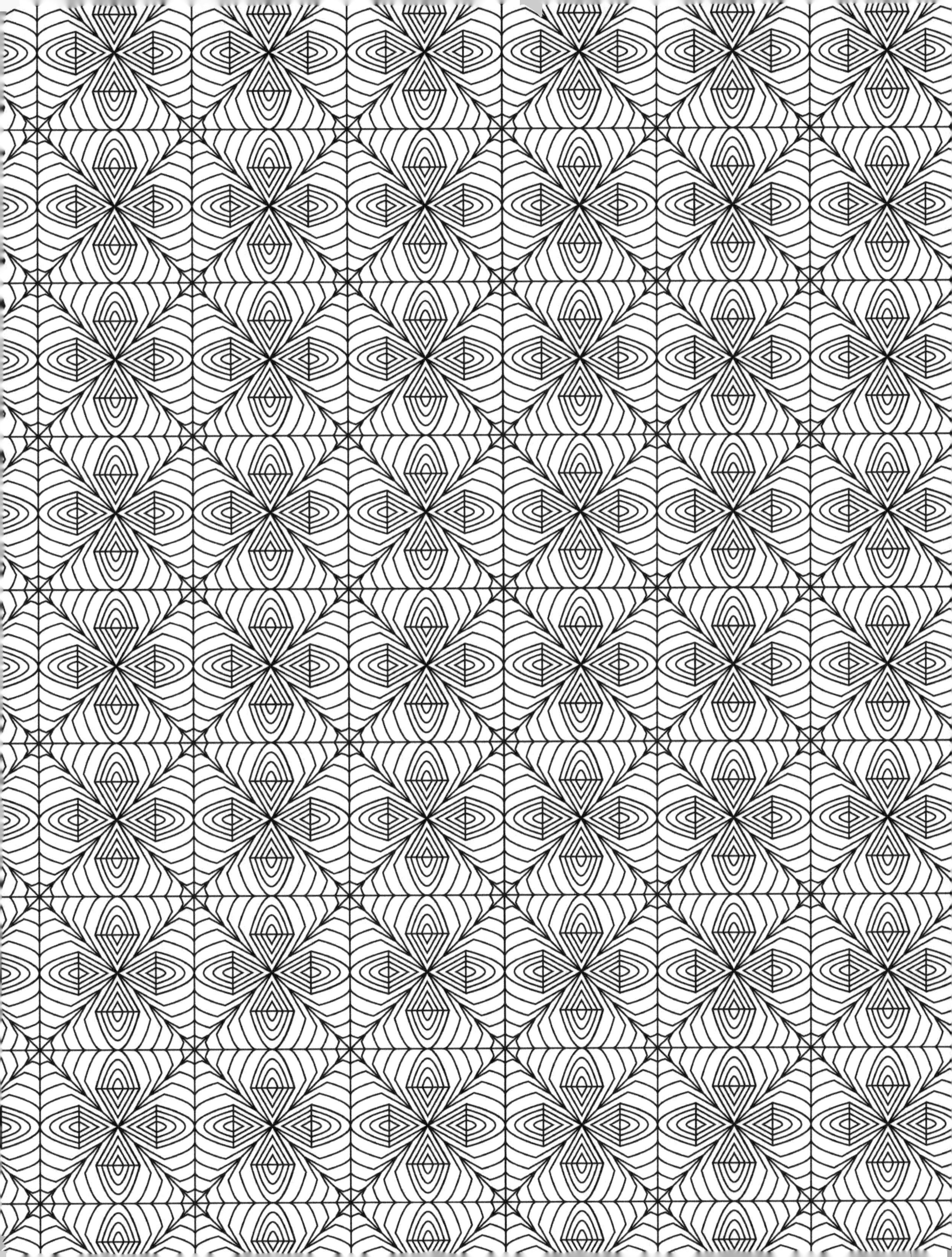

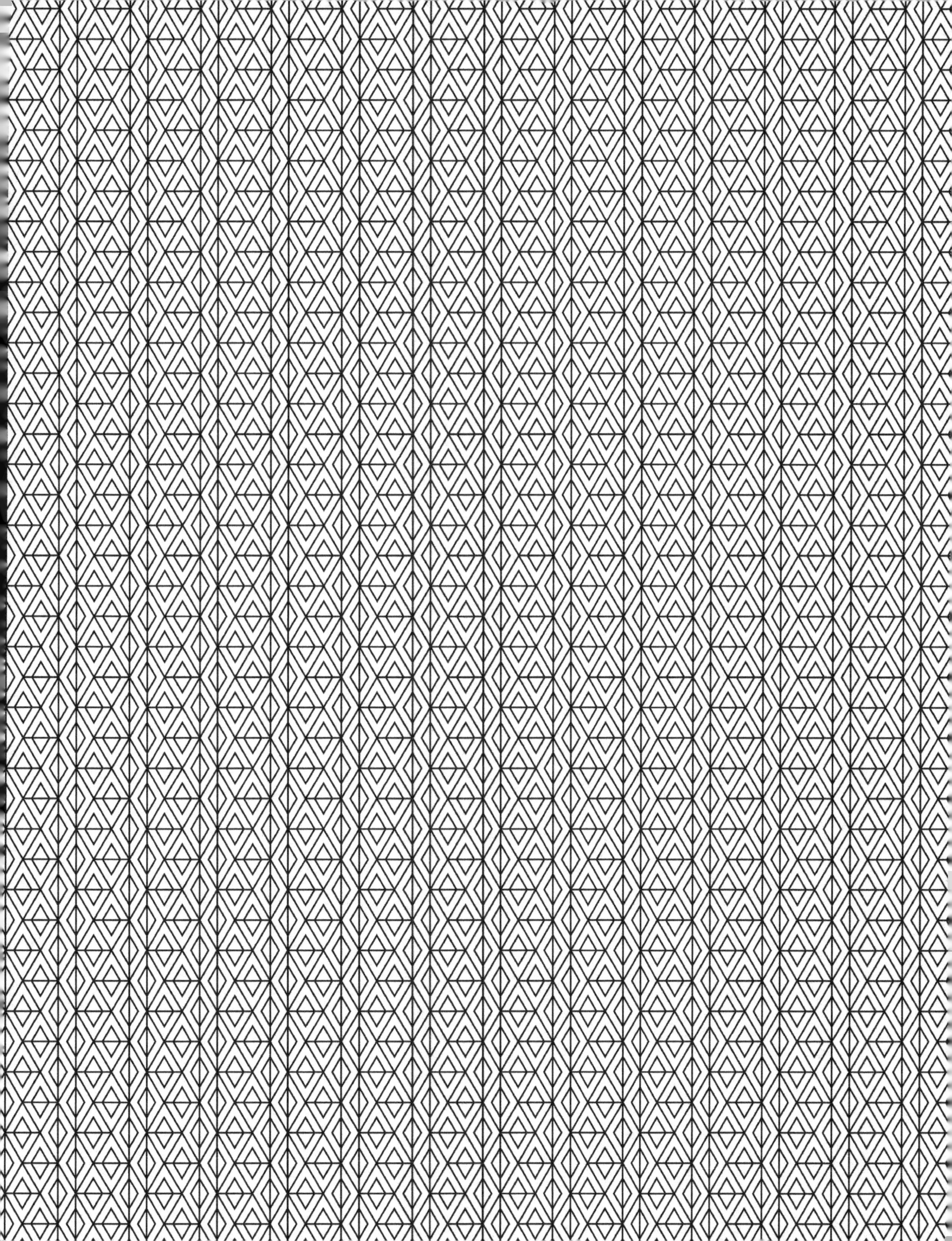

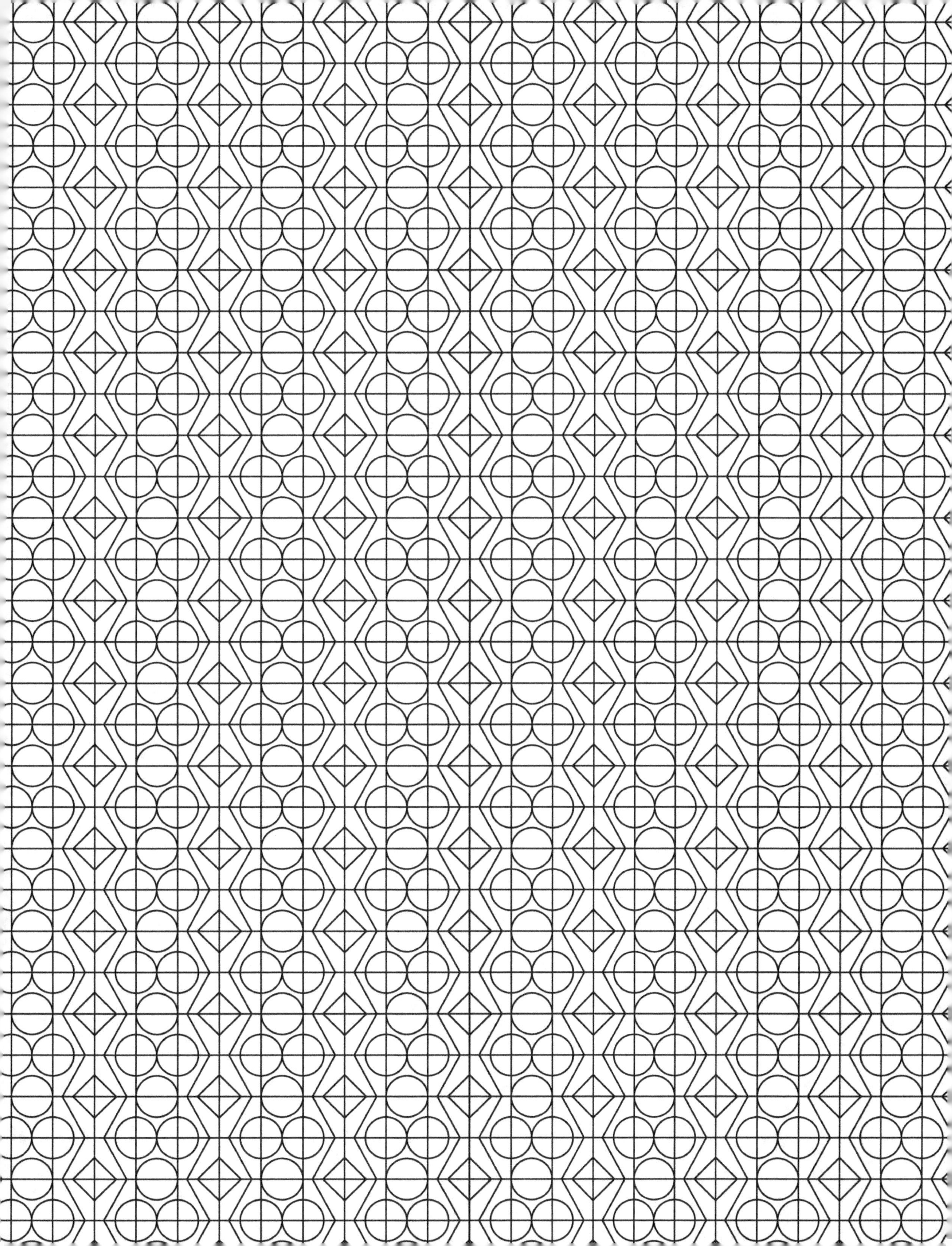

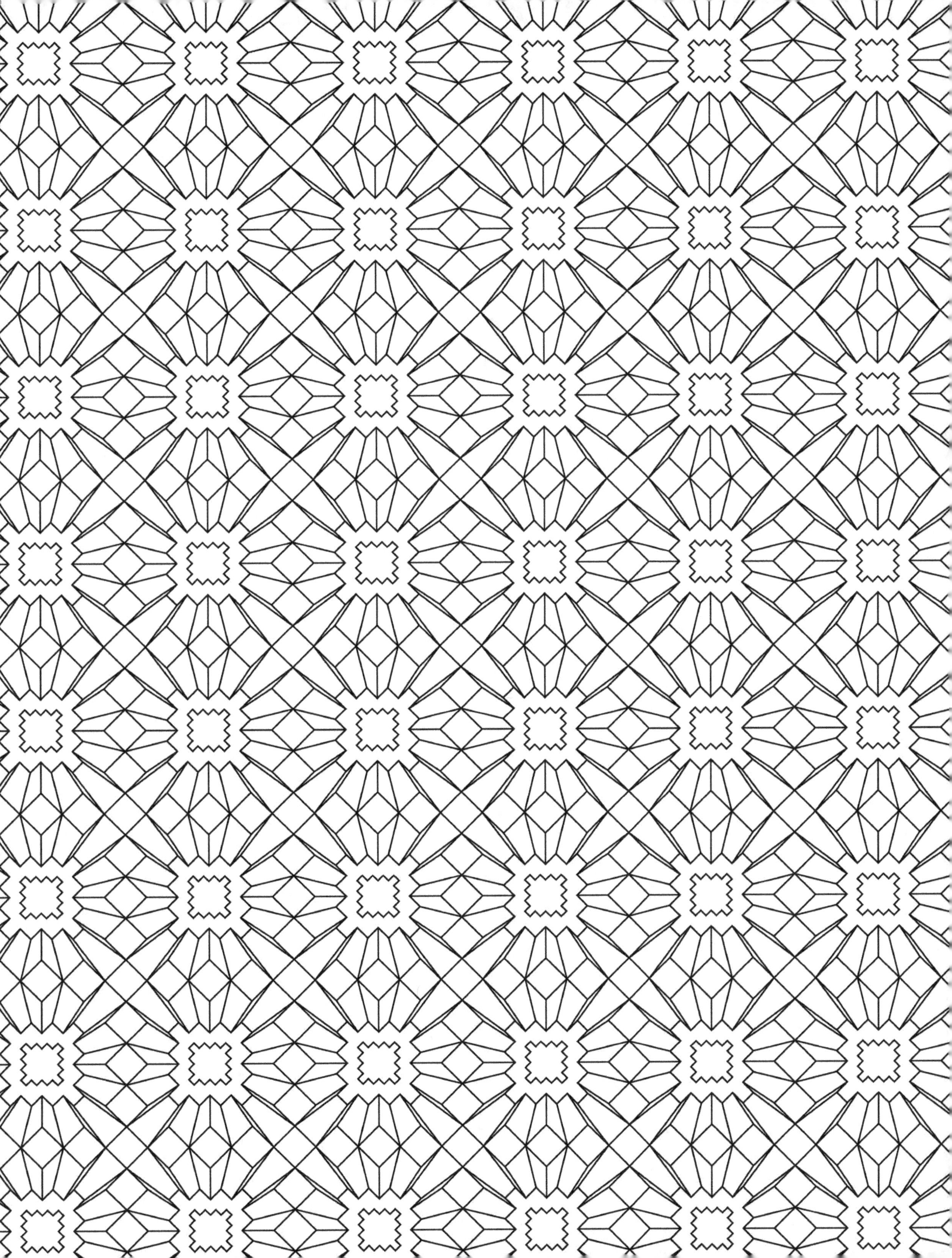

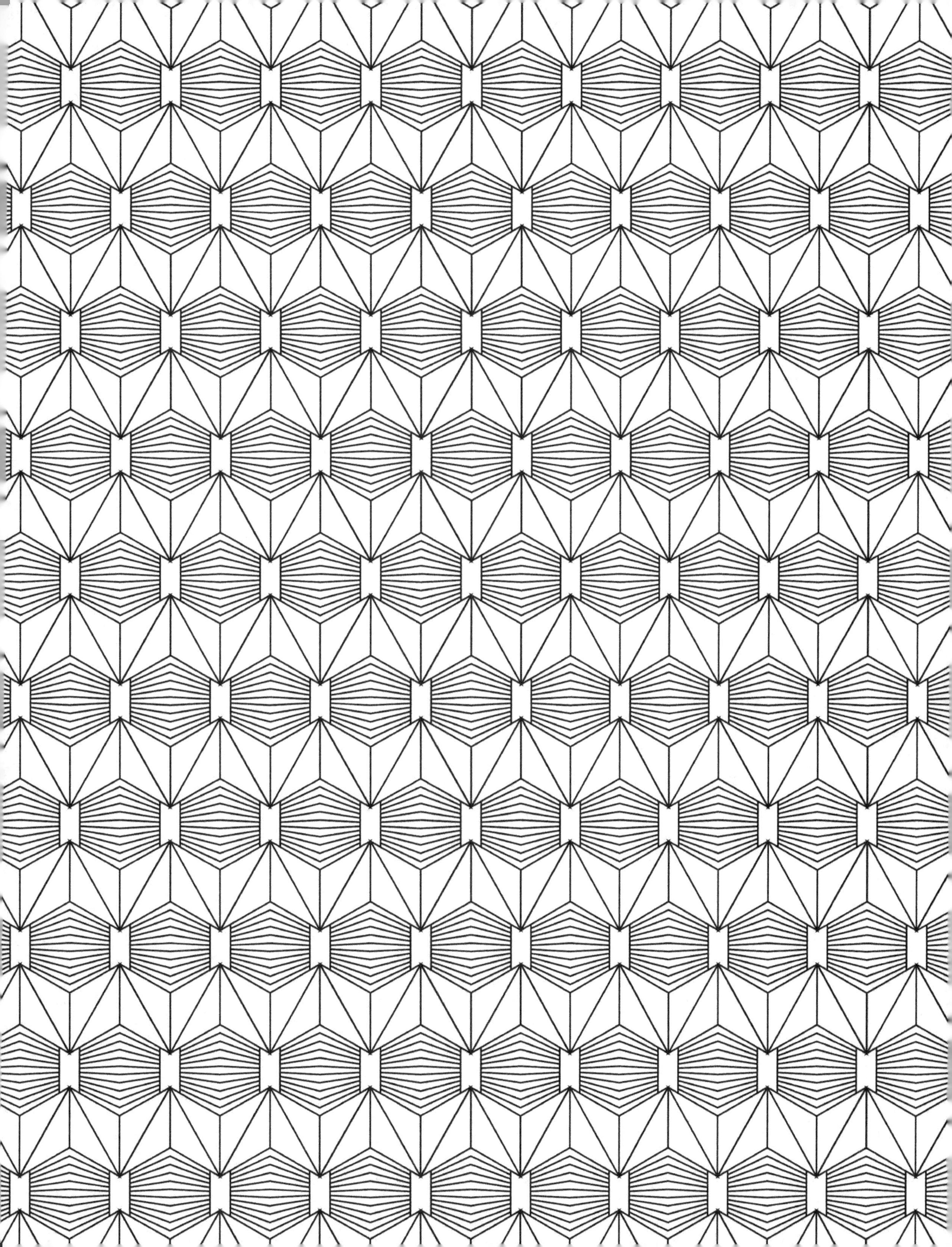

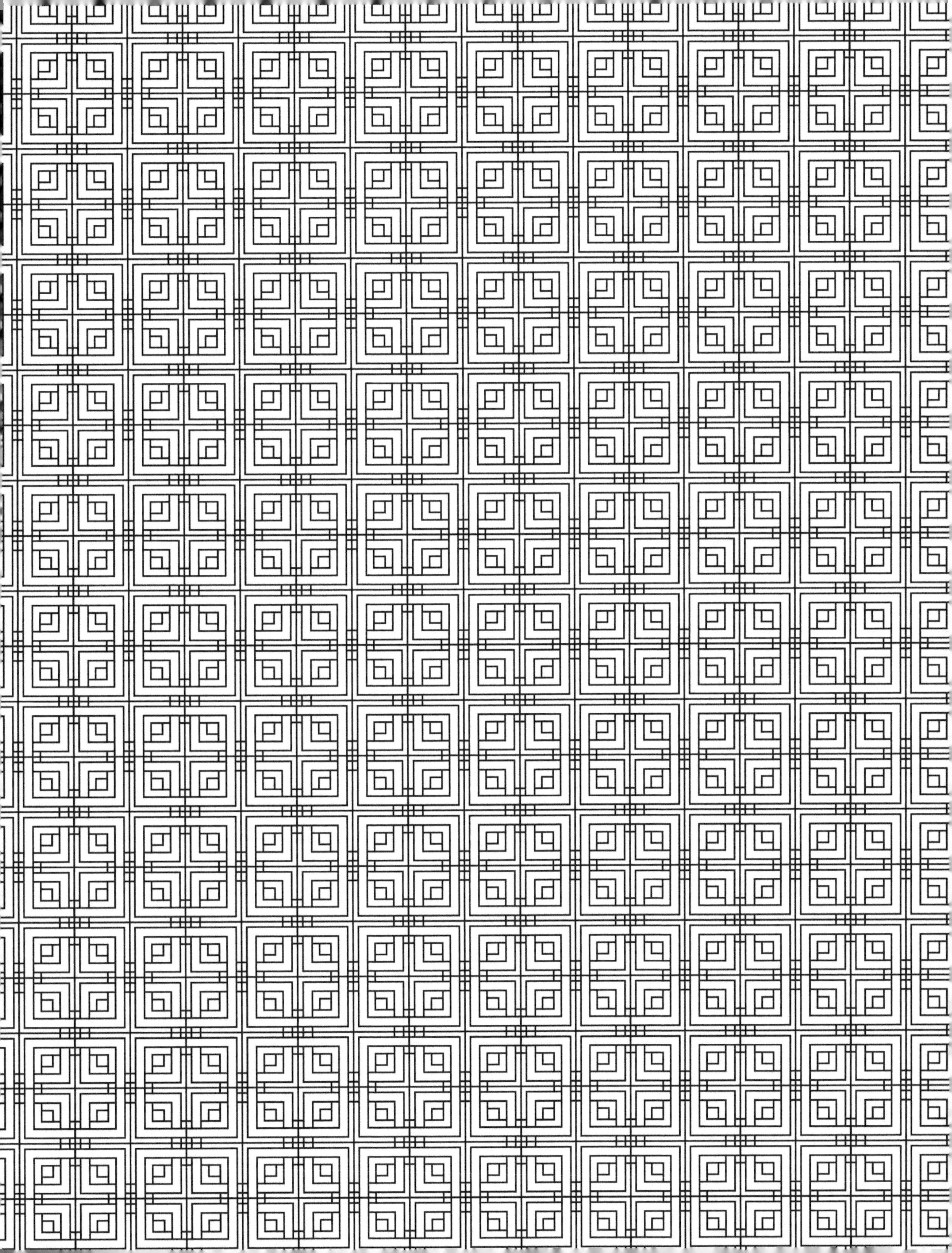

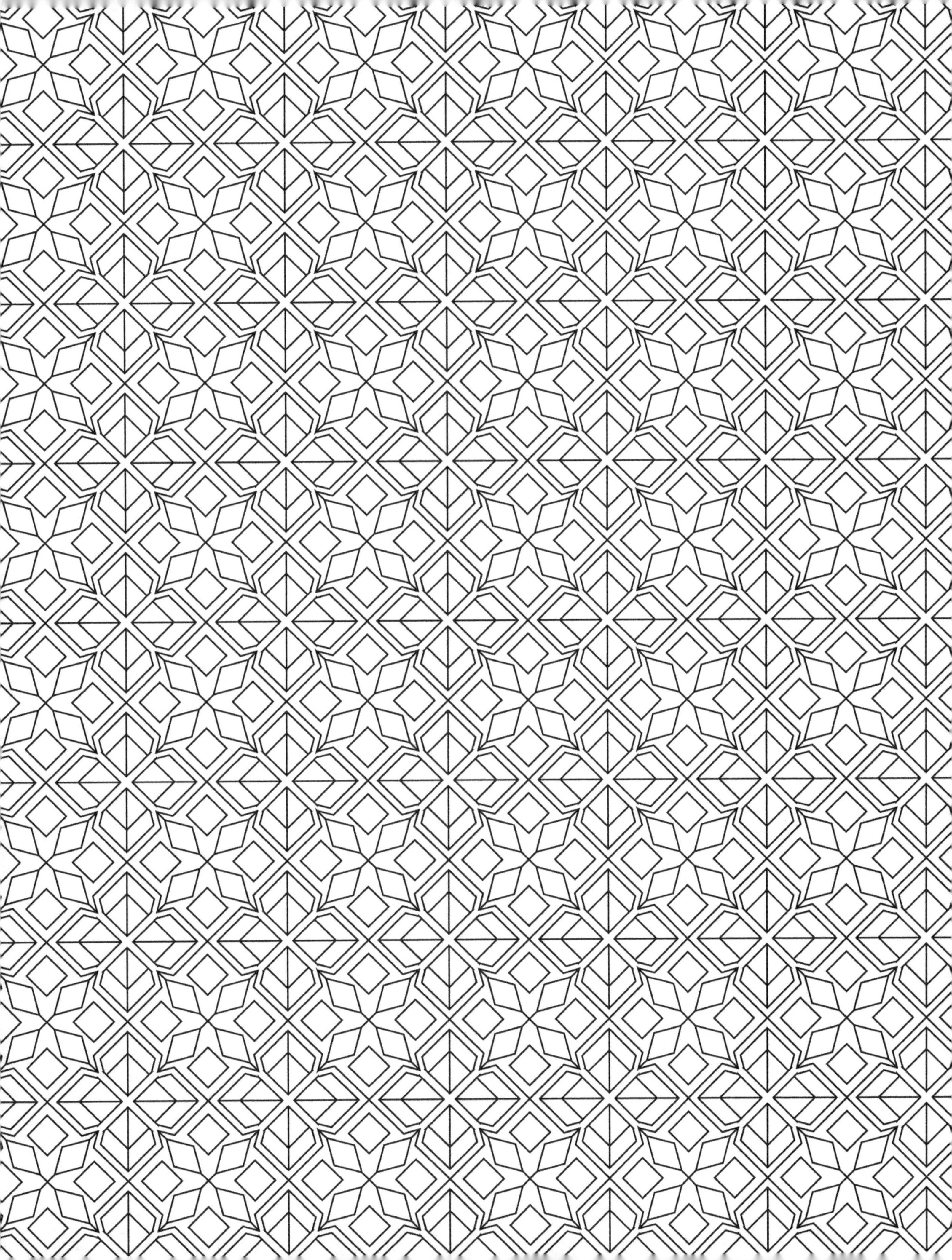

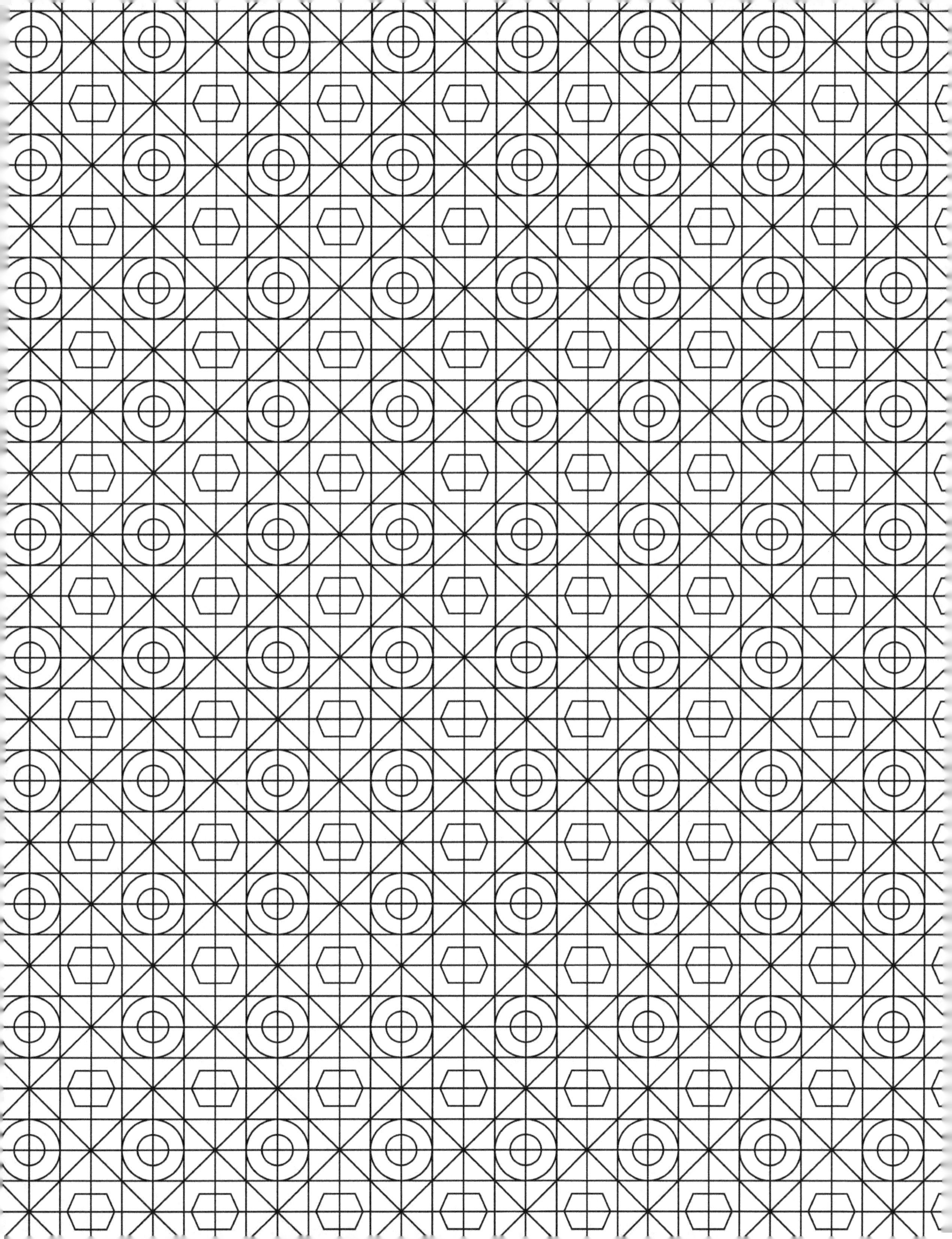

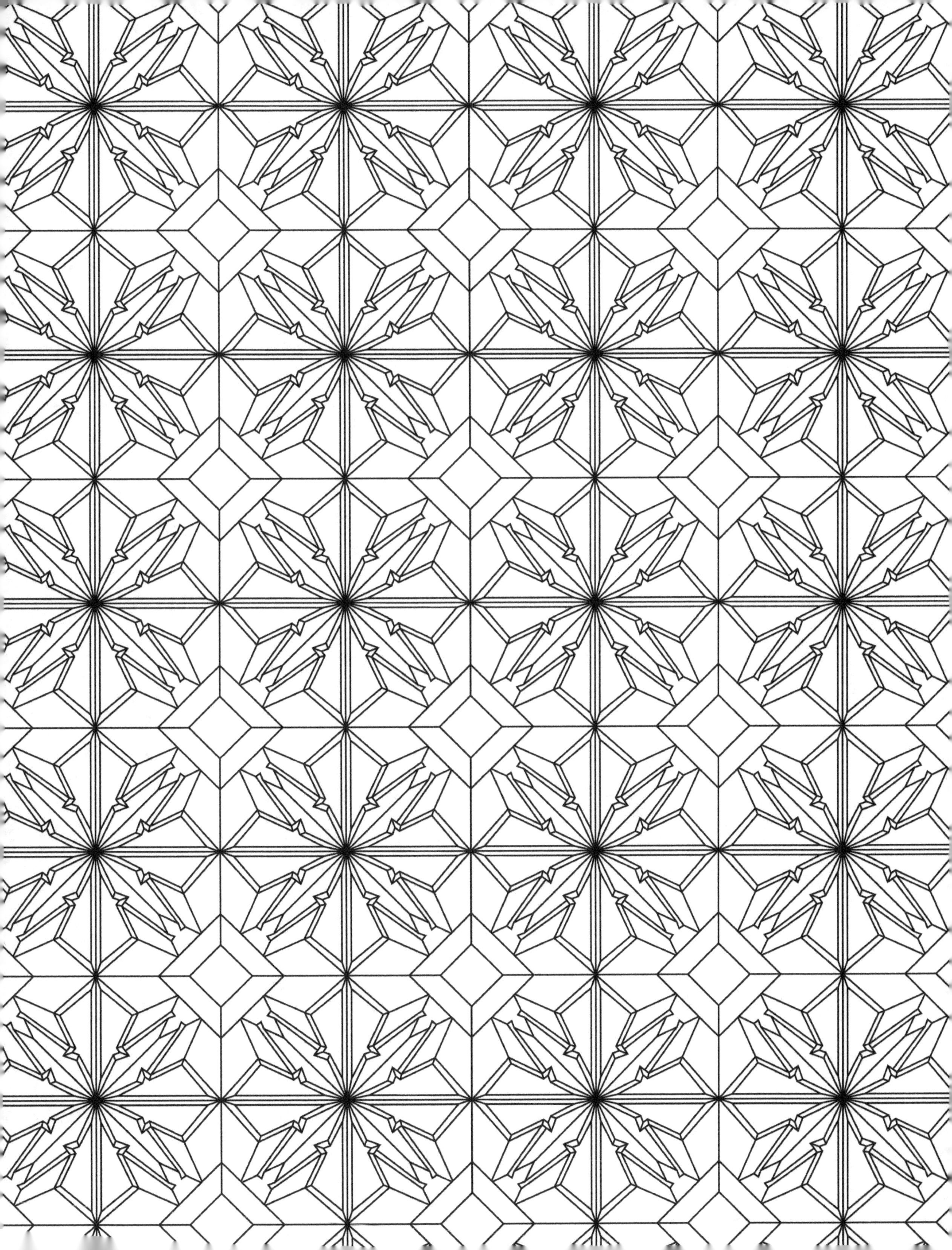

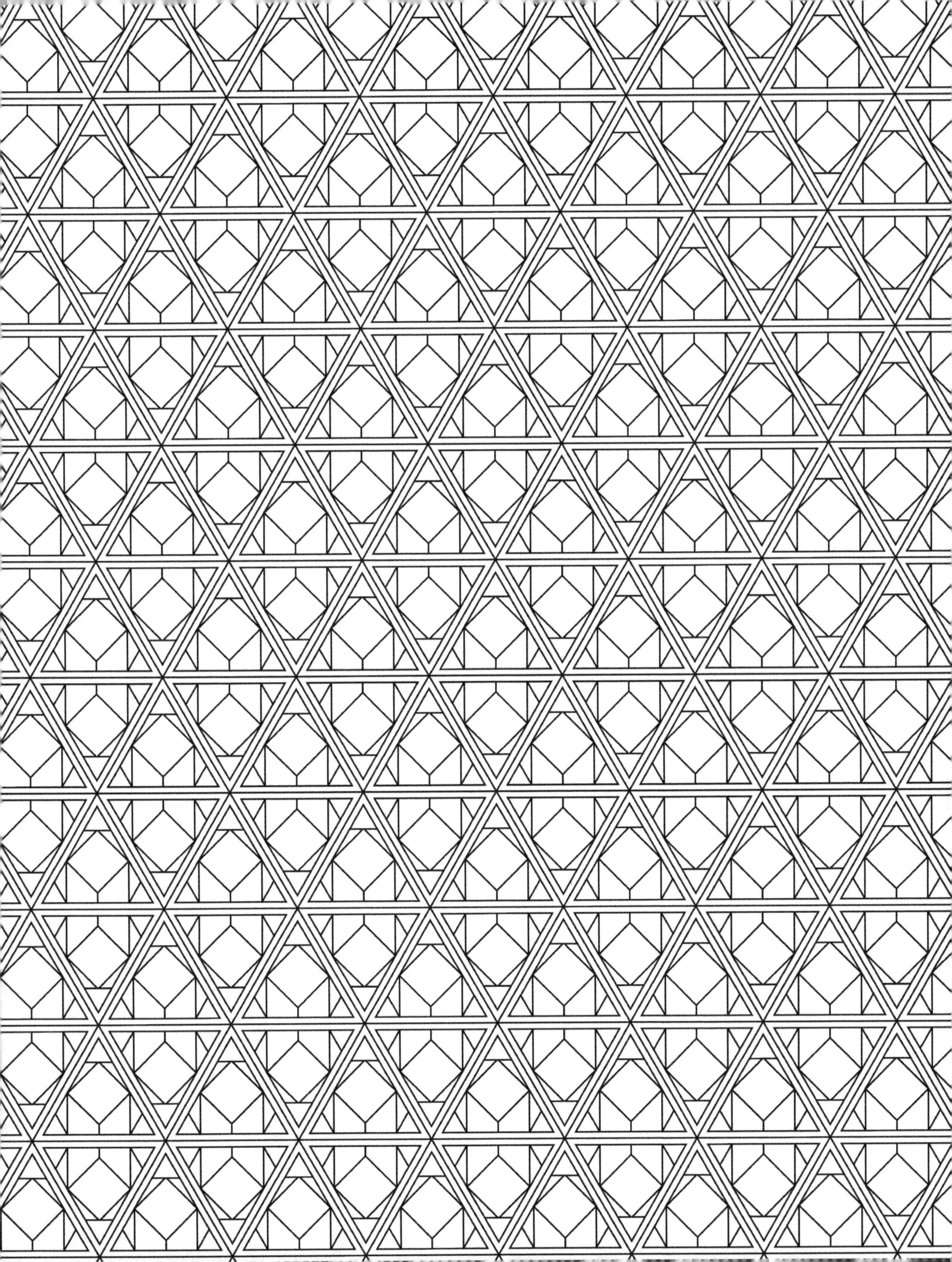